Maria Montessori,
una rivoluzione nelle aule scolastiche

Casa dei bambini

Maria Montessori,
a quiet revolution in the classroom

Maria Montessori, una rivoluzione nelle aule scolastiche
Maria Montessori, a quiet revolution in the classroom
A bilingual picture book about Maria Montessori and her school method (Italian-English text)

Text by Nancy Bach
Illustrations by Leo Lätti
Black and white drawings by Julia Norscia
Copyright © 2012 Long Bridge Publishing. All rights reserved.

Find more books for bilingual children and Italian language students at:
www.LongBridgePublishing.com

Trova tanti altri testi di narrativa bilingue nel sito: www.LongBridgePublishing.com

Publisher's Cataloging in Publication data

Nancy Bach
    Maria Montessori, una rivoluzione nelle aule scolastiche - Maria Montessori, a quiet revolution in the classroom / Nancy Bach; illustrated by Leo Lätti
        p.   cm.
    SUMMARY: Illustrated introduction to the life and work of Italian educator Maria Montessori. Includes historical notes and question pages for readers comprehension review.
    ISBN-13: 978-1-938712-03-6
    ISBN-10: 1-938712-03-X
    1. Montessori, Maria, 1870-1952 --Juvenile literature.   2. Montessori, Maria, 1870-1952.
    3. Italian language materials--Bilingual.   4. Educators --Italy --Biography --Juvenile literature.
5. Montessori method of education --Juvenile literature.   6. Educators.   7. Women --Biography.
8. Montessori method of education.
    I. Title

Long Bridge Publishing
USA
www.LongBridgePublishing.com

ISBN-13: 978-1-938712-03-6
ISBN-10: 1-938712-03-X

Maria Montessori,
una rivoluzione nelle aule scolastiche

Maria Montessori,
a quiet revolution in the classroom

A bilingual picture book about Maria Montessori
and her school method - Italian-English text

Written by Nancy Bach
Illustrated by Leo Lätti

Long Bridge Publishing

INTRODUZIONE

Maria Montessori è una dottoressa e pedagogista Italiana il cui retaggio sopravvive nelle scuole che portano il suo nome in tutto il mondo. Nacque in Italia nel 1870 e fece studi tecnici, fatto piuttosto insolito per una donna di quei tempi. Diventò dottore in medicina, con specializzazione in pediatria e psichiatria e fu la prima donna a laurearsi in medicina in Italia.

Durante i primi anni lavorativi ebbe modo di osservare bambini mentalmente handicappati e sviluppò un metodo per insegnar loro molto di più di quello che si riteneva allora possibile.

Utilizzò quindi i suoi metodi educativi con bambini con normali capacità di apprendimento e creò il metodo educativo Montessori rivolto a studenti da 0 a 18 anni. Il suo metodo si basa sulla scoperta che ai bambini piace giocare e lavorare assieme, e che si divertono di più facendo attività che li aiutano ad imparare. Quando i bambini frequentano una scuola Montessori, acquisiscono sia conoscenze riguardanti le materie scolastiche, sia capacità e competenze utili nella vita quotidiana.

La dottoressa Montessori fornì corsi di formazione e tirocinio agli insegnanti per aprire scuole non solo in Italia e in altre parti d'Europa, ma anche nelle Americhe ed in India, dove fu esiliata col figlio durante la seconda guerra mondiale.

Visse 81 anni e continuò a lavorare con studenti e insegnanti anche in tarda età. Viaggiò in tutto il mondo per incoraggiare la pace anziché la guerra. Dopo la sua morte, il metodo Montessori fu mantenuto in vita dal figlio Mario e dai suoi nipoti.

Oggi l'opera di Maria sopravvive non solo nelle 20,000 scuole Montessori sparse nel mondo, ma anche nelle scuole pubbliche e private dove gli studenti possono svolgere numerose attività ispirate al suo metodo.

INTRODUCTION

Dr. Maria Montessori was an Italian doctor and educator whose legacy survives in schools bearing her name all over the world. She was born in Italy in 1870 and studied technical subjects, unusual for a woman at the time. She became a Doctor of Medicine, specializing in pediatrics and psychiatry: the first woman to obtain a medical degree in Italy.

Through her work she observed mentally handicapped children and developed methods to educate them far beyond what was thought possible.

She extended her methods to children with normal learning capabilities and established the Montessori approach for educating children in stages from ages 0 to 18. Her method is based on the understanding that children love to play and work together, and do jobs that help them learn. When children leave Montessori schools they know about both school subjects and important life skills.

Dr. Montessori provided training for teachers to open schools in Italy, in other parts of Europe, in the Americas, and in India where she and her son Mario were exiled during World War II.

She lived to the age of 81. She kept working with students and teachers even when she was a very old woman. She spoke to groups around the world to help them support peace instead of war. After her death, her son Mario and her grandchildren kept the Montessori methods going.

Maria's work lives on today, not only in the 20,000 Montessori schools worldwide, but also in public schools and private learning centers where children enjoy programs and activities inspired by her methods.

"Buon giorno bambini. Sono la vostra maestra, la Signora Rinaldi. Mi fa molto piacere darvi il benvenuto in questo primo giorno alla scuola Montessori. Ripetete con me… Montessori".

La signora Rinaldi era di fronte alla classe e sorrideva al gruppo di giovani studenti seduti sul tappeto di fronte a lei.

Angela, Brad e gli altri bambini mormorarono: "Montessori".

"Ma bambini, dobbiamo dirlo con orgoglio" disse la Signora Rinaldi "poiché questo è il nome del nostro fondatore, la Dottoressa Montessori. Proviamo di nuovo".

Questa volta Angela e gli altri bambini riprovarono a voce alta assieme alla maestra, pronunciando per bene il nome Montessori.

"Molto bene. Volete che vi racconti la storia della dottoressa Montessori?" chiese la signora Rinaldi.

"Sì" disse Angela, "Per piacere, sì" dissero Susan e Brad.

"Good morning, children. I am your teacher, Mrs. Rinaldi. I am so happy to welcome you to our first day of Montessori school. Please say it with me…Montessori."

Mrs. Rinaldi stood at the front of the room, smiling at the group of young students sitting on the rug before her.

Angela and Brad and the other children mumbled, "Montessori."

"But children, we should say it with pride," said Mrs. Rinaldi. "For that is the name of our founder, Dr. Montessori. Let's try again."

This time Angela and the others raised their voices with their teacher and listened to the name Montessori roll off their tongues.

"Very good. Would you like me to tell you the story of Dr. Montessori?" asked Mrs. Rinaldi.

"Yes," said Angela. "Yes, please," said Susan and Brad.

"Benissimo" disse la maestra. "Vi racconterò la storia di una bambina di nome Maria".

"Ma quello è il mio nome!" disse Maria a gran voce.

"Sì, sì, Maria Montessori era molto curiosa e a scuola si impegnava molto. Mi auguro che anche tu sia così, Maria" disse la signora Rinaldi.

Maria annuì e i suoi capelli ricci ondeggiarono.

"Molto bene. Ora bambini ascoltate la storia. Impareremo chi era il nostro fondatore e scopriremo com'è nata la nostra scuola".

Facciamo un passo indietro di 150 anni, in un tempo in cui non esistevano automobili e computer. Nel bel paesino di Chiaravalle, in Italia, nacque una bambina. I suoi genitori, felici, la chiamarono Maria.

"Very good!" said the teacher. "I will tell you about a little girl named Maria." "That's my name!" shouted Maria.

"Yes. Yes. Maria Montessori was very curious and worked very hard in school. I hope you are that way too, Maria," said Mrs. Rinaldi.

Maria nodded and her curly hair bounced around her head.

"Wonderful. Now children, listen to our story. We'll learn about our founder and understand how our school was started."

Let's go back in time almost 150 years ago, long before cars and computers. In the pretty village of Chiaravalle, in Italy, a little girl was born. Her happy parents named her Maria.

Quando Maria aveva cinque anni, la sua famiglia si trasferì a Roma, la capitale d'Italia, una città molto bella e antica. L'anno successivo cominciò ad andare a scuola. A quei tempi le bambine imparavano a leggere e scrivere, ma passavano molto tempo ad imparare a cucinare e a cucire: queste attività venivano chiamate "occupazioni femminili". Maria era brava in tutto, ma le interessavano sopratutto la matematica, le scienze e le lingue.

Poiché le piaceva studiare, quando raggiunse l'età della scuola media, Maria cominciò a frequentare un istituto tecnico per seguire corsi più avanzati. La maggior parte delle ragazze non frequentava istituti tecnici, ma Maria ci si trovò molto bene. Poi, all'età di 16 anni, andò all'università. Lì studiò biologia, la scienza delle piante e degli animali, e la trovò così interessante che annunciò ai suoi genitori "Voglio diventare una dottoressa".

When Maria was five years old her family moved to Italy's capital, Rome, an old and beautiful city. She started school the next year. In those times young girls learned to read and write, but spent much time learning skills like cooking and sewing, which were called "women's work." Maria did well, but she was far more interested in math and science and language.

Because she loved to learn, for middle school, Maria went to a technical school to study challenging subjects. Most girls did not go to technical schools, but Maria did very well! Then, when she was 16, she went to college. There she studied biology, the science of living plants and animals. She found it so interesting that she told her parents, "I want to be a doctor."

I genitori di Maria furono molto sorpresi.

A quei tempi, non c'erano donne dottori in Italia e neppure in molte altre parti del mondo. Maria si rattristò molto quando i genitori le dissero che sarebbe invece dovuta diventare una maestra. Lei era ben convinta di voler diventare una dottoressa, ma cosa avrebbe potuto fare? Ogni volta che chiedeva il permesso di frequentare la scuola di medicina, le veniva detto di no. Comunque Maria era intelligente e un po' ostinata, per cui non si diede per vinta.

M aria's parents were surprised.

At that time, there were no women doctors in Italy or many other parts of the world. Maria was sad when her parents told her that she should become a teacher instead. Maria felt very strongly that she wanted to be a doctor. What could she do? Whenever she asked permission to go to medical school she was turned away. Maria was smart and a bit stubborn so she did not give up.

Alla fine le fu concesso di frequentare la Scuola di Medicina all'Università di Roma. Poiché era insolito vedere delle studentesse in quella scuola, gli altri studenti, che erano tutti ragazzi, la offesero e la presero in giro. Fu dura per Maria, ma lei ignorò gli sgarbi e continuò a studiare. A 26 anni diventò la prima donna a laurearsi come dottore in medicina ed i suoi genitori si sentirono molto fieri di lei.

Finally she was allowed to attend the School of Medicine at the University of Rome. Because it was unusual to have a girl at the school, the other students, who were all boys, teased and bullied her. This was difficult for Maria, but she ignored their bullying and just kept studying. At age 26 she became Italy's first woman doctor. Her parents were very proud.

Maria lavorò come dottoressa con molti bambini che non sentivano bene, non vedevano bene e avevano difficoltà di movimento. Notò che imparavano meglio quando potevano fare attività manuali e quando facevano cose assieme. E si divertivano pure! A differenza dei bambini nelle scuole regolari, dove bisognava stare seduti e fermi per ore, scrivere, leggere e ascoltare l'insegnante. A quell'epoca le scuole erano luoghi con regole rigide e senza molte opportunità di gioco!

As a doctor Maria worked with many children who couldn't hear or speak well or had difficulty moving. She noticed that they learned best when they could do things with their hands and work together. And they had fun, too! Unlike the children in regular schools, who had to sit still for many hours, writing and reading and listening to their teacher. Back then schools were places with strict rules and no play!

Così Maria decise di aprire una sua scuola e la chiamò "Casa dei Bambini". Questa scuola era ben diversa da tutte le altre scuole che esistevano a quei tempi. I mobili erano fatti su misura per i bambini. I banchi e le sedie erano bassi, c'erano giocattoli ed altri oggetti fatti con materiali divertenti da toccare ed era tutto collocato su scaffali bassi alla portata degli studenti. I bambini non dovevano rimanere fermi, seduti per tante ore, ma potevano imparare tante attività quali fare le pulizie, prendersi cura degli animali e costruire delle cose. In questo modo i bambini a scuola si divertivano moltissimo e non si annoiavano mai.

La scuola della dottoressa Montessori ebbe così tanto successo che se ne aprirono molte altre sia in Italia sia in altre parti del mondo. Così, tanti altri bambini poterono imparare divertendosi.

So Maria decided to open her own school and she called it "Children's House." This school was very different from all the other schools of her time. The furniture was made the right size for young children. Desks were small and chairs were small. There were toys and other objects made of stuff that was fun to touch and they were all put on low shelves that small children could reach. The children didn't have to sit still for many hours. Instead they could learn many activities like cleaning, taking care of pets, and making things. They enjoyed their days at school very much and never felt bored.

Dr. Montessori's school was very successful so she opened many more in Italy, and in other parts of the world, so that many more children could learn and have fun, too.

"Ed è per questo che abbiamo la nostra scuola!" disse la signora Rinaldi. "Che bel regalo che ci ha fatto la dottoressa Montessori!" "Ed ora, siete pronti per mettervi al lavoro?"

"Io sì!" disse Maria. "Sì!" dissero Angela, Brad e tutti gli altri bimbi in coro.

"Fantastico! Vi mostrerò tutte le belle cose che abbiamo qui e poi potrete scegliere dove cominciare. Nella zona cucina possiamo misurare il riso. Qui nell'armadio potrete provare delle camicie. Il piccolo criceto ha bisogno di qualcuno che si prenda cura di lui…" I bambini seguirono l'insegnante mentre mostrava loro tutte le cose interessanti da fare in classe.

Ogni bambino trovò un compagno ed un angolino dove giocare e mettersi al lavoro. I giovani studenti cominciarono quindi la grande avventura iniziata da una bambina intelligente e decisa che sapeva di poter fare cose importanti anche quando tutti le dicevano: "No".

"And this is why we have our school!" said Mrs. Rinaldi.
"What a wonderful gift from Dr. Montessori!" "And now, are you ready to get to work?"

"I am!" said Maria. Angela and Brad and the other children all said "Yes!"

"That's wonderful! I'll show you all the different things we have today and you may pick where you want to start. In our kitchen we are measuring rice. Here is our closet where we are trying on shirts. Our pet hamster needs someone to pet him…" The children looked on as their teacher led them to each exciting new spot in the room.

Each child found a friend and picked a spot to play and work. They were beginning the great new adventure started by a bright and strong-willed little girl, a girl who knew she could do something important even when everyone was telling her "No."

LO SAPEVI CHE...?

Inizialmente Maria Montessori voleva diventare un ingegnere, anche se alla fine del 1800 c'erano pochissime donne ingegnere.

La dottoressa Montessori imparò la maggior parte delle sue tecniche di insegnamento osservando gli studenti. Notò cosa li interessava e cosa li teneva occupati ed utilizzò queste attività nelle sue lezioni. Si accorse che i bambini sono più interessati ad attività pratiche (fare delle cose) piuttosto che ai giocattoli (giocare).

All'inizio della carriera della madre, Mario Montessori visse lontano da lei. Si ricongiunse di nuovo alla madre all'età di quindici anni e si dedicò al metodo Montessori nella veste di socio.

Alexander Graham Bell, Thomas Edison ed Helen Keller espressero tutti gran interesse per il metodo Montessori.

Durante la seconda guerra mondiale, Maria e Mario Montessori vissero in India. Mario fu incarcerato per due mesi e Maria fu relegata nella sua scuola. Poiché l'Inghilterra era in guerra con l'Italia, gli inglesi consideravano gli italiani nel Regno Unito e nelle sue colonie come dei nemici.

Per la dottoressa Montessori uno dei ruoli dell'educazione dei bambini è la trasformazione della società nel suo insieme e per questo incoraggiò l'educazione alla pace. Maria Montessori fu candidata al premio Nobel per la Pace per ben tre volte, nel 1949, nel 1950 e nel 1951. Fu insignita della Legione d'Onore in Francia nel 1949.

Nel 1990 il volto della dottoressa Montessori fu stampato sulle banconote Italiane da 1000 lire, con un'immagine di bambini che fanno i compiti sull'altro lato della banconota.

DID YOU KNOW...?

Maria Montessori originally wanted to be an engineer. In the late 1800s there were very few female engineers.

Dr. Montessori learned most of her teaching methods by watching students. She saw what interested them and kept them focused and then put those activities into future lessons. She observed that children were more interested in practical activities (work) than toys (play).

Mario Montessori lived away from his mother while she was busy with her early career. He rejoined Maria when he was fifteen years old and became committed to the Montessori method, acting as his mother's business partner.

Alexander Graham Bell, Thomas Edison, and Helen Keller were all very interested in the Montessori methods.

During World War II, Maria and Mario Montessori lived in India. Mario was interned (put in jail) for two months and Maria was confined to her school because England was at war with Italy. The British people thought that Italians in the British Kingdom and its colonies might be enemies and do something harmful.

Dr. Montessori felt that one role of education of children was reform of society in total and supported "Education for Peace."

Dr. Maria Montessori was nominated for the Nobel Peace Prize three times, in 1949, 1950, and 1951. She was awarded the French Legion of Honor in 1949.

In 1990 Dr. Montessori's face appeared on Italy's 1000 lire banknote with a picture of children working at their studies on the opposite side.

Sai rispondere a queste domande?

In che secolo è nata Maria Montessori? 1800 o 1900? ....

Che tipo di scuola ha frequentato? ....

Che tipo di studi facevano le bambine ai tempi di Maria Montessori?

....

....

È stato facile per lei poter andare alla scuola di medicina? ....

Perché? ....

....

....

Qual' è stato il primo lavoro di Maria Montessori? ....

....

Che cosa ha osservato in quel periodo? ....

....

....

Che tipo di scuola ha creato Maria Montessori? ....

....

Can you answer these questions?

In which century was Maria Montessori born? 1800 or 1900? ....

What kind of school did she attend? ....

What kind of studies did girls do in Maria Montessori's times?

....

....

Was it easy for her to attend the school of medicine? ....

Why? ....

....

....

What was Maria Montessori's first job? ....

....

What did she observe in that period? ....

....

....

What kind of school did Maria Montessori establish? ....

....

Colora e Scrivi / Color and Write

Scrivi il nome di 6 cose che vedi nel disegno:

Write the name of 6 things you see in the drawing:

1. _____   4. _____

2. _____   5. _____

3. _____   6. _____

Have fun and learn with books about famous Italians, Italian themed stories, nursery rhymes, Italian traditions and more, all with Italian and English text!

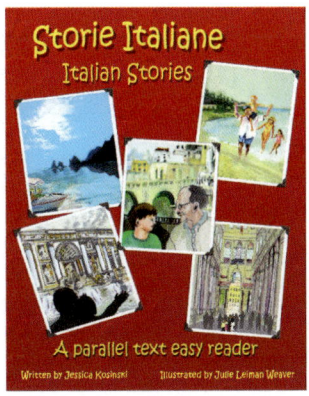

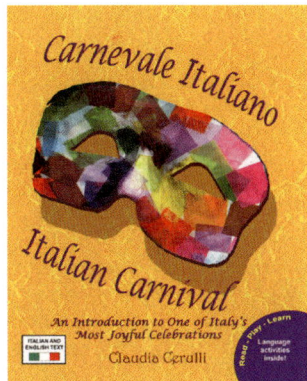

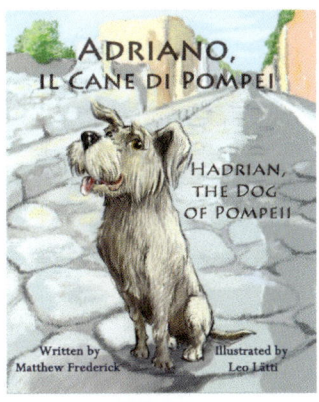

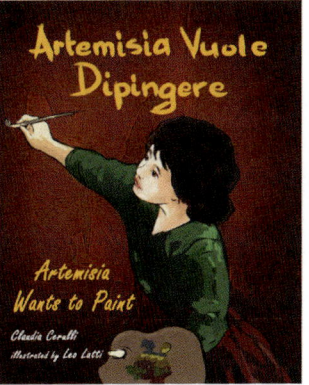

Visit us online at **www.LongBridgePublishing.com**

Printed in Great Britain
by Amazon